Texturen
Hintergründe, Untergründe, Oberflächen

Rainer Beinlich

1950 geboren, absolviert er nach der Schulzeit eine Lehre als Starkstromelektriker. Beeinflusst durch soziales und politisches Engagement macht er Abitur auf dem Zweiten Bildungsweg, danach studierte er Kunstpädagogik. Gleichzeitig entstehen erste Ölgemälde, die sich in naturalistischer Darstellung mit den Problemen zwischenmenschlicher Beziehungen befassen. Es folgen mehrere Ausstellungen, sowohl allein als auch mit der „KunstKooperative Braunschweig". Parallel begann Rainer Beinlich seine Gedanken in Notizbüchern festzuhalten. Stets trägt er ein solches Buch bei sich, um Texte zu täglichen Begebenheiten und Gedanken zu notieren. Obwohl er seinen Lebensunterhalt heute mit der „Technik" verdient, ist doch die kreative Betätigung das Lebenselixier.

Gedichte, wer liest schon Gedichte?
Dieser Frage stellt der Autor seine „verdichteten" Gedanken gegenüber.

Beziehungen zwischen den Menschen, die Liebe, die Suche nach Wahrheit und philosophische Betrachtungen, der Tod als Teil des Lebens und die Hoffnung sind wesentliche Elemente, der in Gedichte gefassten Gedanken des Autors. Manche Gedichte könnte man getrost als politisch bezeichnen, aber es geht immer nur um die darin verwickelten Menschen, ihr Innenleben. Viele Verse sind nachdenklich und zeigen auch die Schwierigkeiten mit der Auseinandersetzung, der Arbeit, die der Autor sich mit den Themen macht. Die Gedichte sind vorwiegend ungereimt, da die enthaltenen Ideen sich zusammenreimen.

Hannelore Terkowsky

1941	geboren in Hirschberg, Schulausbildung und kaufmännische Lehre in Braunschweig, mit anschließender mehrjähriger Berufstätigkeit,
1977 – 1983	Studium der Freien Kunst (bei Prof. Voigt) an der Hochschule für Bildende Künste in Braunschweig,
seit 1984	Mitglied im Bund bildender Künstlerinnen und Künstler (BBK) in Braunschweig,
1986 – 2000	Unterrichtstätigkeit (Aquarellmalerei) an der Kreisvolkshochschule in Wolfenbüttel, lebt in Braunschweig,

• Einzelausstellungen (u.a. Galerie Schloss Wolfenbüttel, Öffentliche Versicherung Braunschweig) und
• Beteiligung an Gemeinschaftsausstellungen,
• Bilder in öffentlichem und privatem Besitz.

Das Sichtbarmachen der eigenen inneren Bilder und Vorstellungen in unterschiedlichen Maltechniken (Öl-, Pastell-, Gouache- und Aquarell-Malerei) und Farbkombinationen ist immer wieder selbstgestellte Aufgabe, Herausforderung und Faszination beim Malvorgang.

Texturen
Hintergründe, Untergründe, Oberflächen

Lyrik von Rainer Beinlich

Bilder
und
Illustrationen

Hannelore Terkowsky

Bibliografische Information Der Deutschen Bibliothek:
Die Deutsche Bibliothek verzeichnet diese Publikation in der
Deutschen Nationalbibliografie; detaillierte bibliografische Daten
sind im Internet über < http://dnb.ddb.de > abrufbar.

Herstellung und Verlag: Books on Demand GmbH, Norderstedt
Gestaltung, Satz und Layout: Rainer Beinlich, Braunschweig
Illustrationen für den Umschlag: Hannelore Terkowsky, Braunschweig

ISBN 3-8334-3761-8

Inhaltsverzeichnis

Als du fort warst,
hatte ich dich
in meinem Herzen,
das ein Kopf war.
Als du zurück warst,
hatte ich dich
fest umschlungen,
entschlossen,
dich nie mehr fortzulassen.

Die Körperwärme,
spürbar noch
aus der Entfernung,
fühlte ich so gern
auf meiner Haut.
Wo kalte Schauer
nach einander jagen
und Leben fern.
Ach, gib mir
deine Hände, deine Haut
und schmieg dich
wärmend um mein Herz.
Der Atemzug,
ich mag dich,
seufzend kommt
aus meinem Mund.

Gestreichelt, geküsst
dem Bösen entrückt,
so schweb ich auf Wolken.
In Watte den Kopf,
umschmeichelt mit Liedern
und Schwüren von Glück.
Die sanften Winde
verwehen die Wolken
auf Dauer.
Die Watte wird alt,
die Lieder härter
und der Fall tötet
am Ende.

Kräfte variieren

Schneidende Worte
eingeritzt in die Seele,
empfindliche Verletzungen
zugefügt im Affekt.

Keule, Messerstich
es schmerzt.
Von Liebe entfernt,
ziehe ich mich weit zurück.

Ungerechtigkeit,
schreit lautstark das Gefühl.
Ausgewogen?
Haben wir uns nicht beide wehgetan?

Wunden zugefügt.
Wo Nähe, Wärme
ersehnt, wär wohl
am Platz gewesen.

Wie welkende Blüten
verdrängen wir das Ende,
wenn kein Lied,
keine Schwäche uns hilft.

So vergehen wir
aus Stärke,
lassen Blätter
und Köpfe hängen.

Im hilflosen Dämmern
gewähren wir,
keine Blumen, todgeweiht
überwuchert unser Sein.

Denn wenn ich will,
denn wenn du willst
zerreißen wir die Kette,
die nach unten führt.

Gewicht auf den Seelen,
mit Luft und Lust
aufgepumpt.
Gefühle haben Flügel.

Lichtgestalt   Aquarell mit weiß, 48 x 36 cm

Liebe mein,
dein Haar gestreichelt,
deine Augen
blind geküsst.
Deinen Mund geherzt,
dass jede Sprache
unterbleibt,
Gefühl, Gefühle bloß.
Ein stummer Schrei,
ja, mein Liebes
und alles,
was du bist.

Du wärmst mich mit deinen Gedanken,
du wärmst mich,
du wärmst mich mit deinen Füßen,
den Händen, dem ganzen Körper,
du wärmst mich.
Verließest du mich,
würde ich mich erkälten.

Am Morgen, am Boden
der Nebel im Tal,
doch ich hab keine Wahl,
mein Weg führt mich hindurch.

Der Pfad ist verborgen,
das Licht noch nicht klar
nur das Ziel hinter dem Nebel,
hinter der Trübnis ist wahr.

Am Tag dann die Sonne,
keine Fragen in höchster Wonne.
Als Ahnung vom verworrenen Sinn
legt sich ein Schatten vor mich hin.

Abends jedoch wieder
steigen die trüben Gedanken
aus den Schlafstätten auf
und kondensieren zu Nebel.

Die Sicht verwirrt,
das Blut in den Adern
gefriert.
Verängstigt, verkrampft
beginnt dann die Nacht.
Kein Sieg mehr des Tages
wird hier zelebriert.
Wie Blei liegen
die Knoten der Sorgen
auf jeder Brust.
Lose Enden, zu lösen
verworrenen Sinn,
finden die tastenden Hände
nimmermehr. –
Werd wach,
mein Geliebter,
du träumst! –
Einen schrecklichen Traum.

So teile ich mein Brot
mit Salz und dir,
auf das wir
unseren Hunger stillen,
für Körper und Geist;
Reich der Gespräche.

Nur zwei Beine,
zwei Arme nur?
Und du willst Konkurrenz
zum Tausendfüßler sein?

Hin und wieder
lassen wir uns
aufeinander ein.
In guten Zeiten
geht es für Augenblicke
gut.
Bis jedes Raubtier
neu erwacht
und jedes Opfer
rasch entspring,
sein Leben zu erhalten.

Wenn du nicht bist

Wer liest denn
meine Lieder,
wenn du nicht bist.
Wer kennt mich
immer wieder,
wenn du nicht bist.
Wer wünscht mir Gutes,
wer schaut mir nach,
wenn du nicht bist.
In wessen Augen
seh ich es blitzen,
wenn du nicht bist.
Ich kenne deine Stimme
und hör aus ihrer Tönung,
wie du so bist.
Doch welche Stimmen hör ich,
wenn du nicht bist.

Wie viele Menschen kann man verlieren?
Wie viele braucht man um unglücklich zu sein?
Braucht man Menschen um sich selber zu finden?
Wie viel Ich braucht man um selber zu sein?
Wie viel Einsicht, Schuldgefühl wird nötig?
Wozu brauche ich die Menschen (nicht zuletzt um mich herum?)
Um mich zu schützen? Einen Kreis
um mich zu ziehen? Ehrlich aufgehoben zu sein?
Ehrlich? Der Ehre bezüglich.
Welche Ehre?
Was verlierst du ohne Ehre, wenn
Du ehrlos mich verleugnest, mich
hängen lässt, allein –
ich dir glaubte ,(wegen der Ehre),
du jedoch ohne Probleme mich
verleugnetest und mich für unwahr erklärtest?
Also nimmst du es auf dich,
auch mich ohne ein Gefühl
des Verlustes auf die Stufe
des Nichts, eines Niemands zu stellen.

Wärme mir
die Füße,
schenk meinem Körper
Jugend,
indem du ihn begehrst.

In meine Nähe
kommen keine knurrenden Hunde.
Ich dulde sie nicht,
da die Gänsehaut
mehr schmerzt,
als der Biss von der Braut.

Aus dem Auge, aus dem Sinn

Alles ist selbstverständlich
sagt das behütete Kind.
Endlos der Schutz, die Liebe,
wenn sie denn erfahrbar würde.

Flügel wachsen aus dem Nest,
kein Platz für alle.
So fliegt das Paradies
von Kindertagen auf.

Versammelt sich um andere Pole,
zentriert sich neu.
Das Nest von gestern
verschwimmt im Nebel.

Kein Boot auf geradem Wege
trägt dich zurück.
Es bleiben nur die wagen Gedanken
an eine andere Zeit.

Nun schneidet Tod Verbindungsschnüre
und aus Leibhaftigkeit
entstehen bloße Bilder
der vergangenen Zeit.

Eine Mutter zum Berühren
steht rahmengefasst
und schärpenverziert,
schwarz-weiß auf dem Sims.

Menschen wachsen
über sich hinaus,
die Himmel über Wolken
blauwärts seh'n.
Ein klarer Blick,
durch nichts verdüstert,
sieht weißes Sonnenlicht.
Erst wenn die Dunkelheit
den Platz des Hellen
eingenommen,
wird Weite ersetzt
durch inneres Erkennen.
Dann leuchten die Sterne
im Widerschein
des scheinbaren Nichts
und zeigen doch alles.
Alles was wahr ist
und jedwede Frage.
Es liegt alles so klar
in den Sternen.

Blauer Schatten   Aquarell, 48 x 36 cm

In meiner Zelle
ist jeder Strahl
der Sonne willkommen.
Sie zeichnet das Bild
auf dem Boden,
bildet die Weise,
den Ort meines Sehens
als Gitter ab.
Jedes unbeschattete Teil
ein Stück Sonne –
ein Stück Freiheit,
ein Stück Himmel.
Leben im Himmel.
Ich nutze
den Hinkekasten
und hüpfe
von einer Freiheit
in die andere –
meinen Kopf jedoch
verlasse ich nie.

Hey Welt, schrei ich.
Ich reiße an den Fäden.
Und Fäden reißt
die Welt heraus,
als Stück für Stück
wie Leben.
Am Ende reißt die Welt
am letzten Faden,
schweres Stück
und Leben –
abgeschnittene Welt,
eingesperrt
in mir.
Keine Schnur zur Außenwelt,
Kaspar Hauser?
Die Welt
versteht nicht meine Sprache!

Ein Ruf übers Wasser,
„Fährmann",
durch den Nebel.
Hohle Antwort,
„Ja?"
„Hol über!"
Verschwommen,
bedarf es Führung.
Leise ein Plätschern,
wellenweise,
mit Flügeln am Bug,
ein hölzernes Boot
taucht auf im Dunst.
Schwer zu erkennen
der Steuermann,
sein gleichmäßiger Atem
entweicht wie Dampf.
Ein Leiter,
Begleiter über die Wässer.
Nur ein Weg,
nur eine Richtung
kennte er.
Könnt keinen Pfad
empfehlen,
nur den, der trockenen Fußes
über dies Gewässer führt.
So geb ich mich
ihm hin.
Von Schiff zu Schiff,
geführt, gefährt,
entscheiden die Wissenden
und keine Zeit für Zweifler.

Ertränke
meine Freiheit,
ertränke mich.
Ich atme
durch die Poren,
ertränke mich.
Und dann
bin ich ertrunken,
die Freiheit
ist passé.
Entleert
die Blase, das Hirn.
Gefüllt
mit Zwang,
Knechtschaft und Fessel,
entsinne
ich mich nicht
des Ertränkers.
Tod ist ein Meister
des Vergessens.

Wer wischt die Spuren aus,
die meine Füße hinterlassen
im Licht der Welt.
Wer spurt die fremden Pfade,
die mir zugesprochen sind.
Und aus der Luft
sieht man ein anderes Leben,
was nicht entfernt
das meine ist.

Diffuse Suche,
stochern im Nebel,
der Schlag auf den Busch.
Versuche.
Mit geschlossenen Augen,
erfolgreich
die Hindernisse zu finden,
sie lieb und wahr
zu nehmen oder
ihnen auszuweichen,
Fall ich,
kurz entschlossen,
aufgerichtet,
aufrichtig den Fehler
bekannt.
So sehe ich doch
die Schemen,
die vergangenen
ahne ich;
an zukünftigen
stoße ich mich
und verweise sie
ins Reich von gestern.
Im wabernden Licht
erscheint das Heute
bereits im Zukunftskegel.
Klarheit
mit Ausschluss
von sehen.
Innensicht.
Ich lerne,
Ersatz für verlorenen
Sinn.
Wichtigkeiten:
Halt, Stopp, gehen.
Evolution
mit einhundert Minus
zum Pantoffeltierchen –
nur die Härchen
flimmern nicht so süß.

Ein Mensch – vorbei

Da stand jemand,
hattest du ihn gesehen,
aus den Augenwinkeln
vielleicht,
ihn erkannt, beobachtet?
Mit seinem eigenen Leben,
seinen Freuden, seinen Sorgen
seinen Gedanken,
seiner Leere.
Wie sah er aus?
Der, den ich eventuell
aus den Winkeln
der Augen
gesehen haben könnte.
Ich hatte keinen Bezug
zu ihm,
so lebte er gar nicht
für mich.
Hättest du mich angestoßen,
auf ihn gewiesen,
gerufen: Da schau!
Vielleicht
wäre er zum Leben erwacht,
hätte sich bewegt,
gewunken
und sich so in mein Gedächtnis
geschlichen,
dass ich ihn kennen könnte.
Doch ich wüsste nichts
von ihm.
So wie ich nichts weiß
von denen, die auf meinen Füßen stehen,
von denen, deren Augen
mich Tag für Tag ansehen.
Welche Farbe haben diese Augen?
Sind sie betrübt oder glänzen sie?
Da stand jemand,
ich hatte ihn nicht gesehen –
aus den Augenwinkeln
vielleicht.

Ich denke mir die Welt.
Die Welt ist schön.
Ich denke
mir die Welt.

Ich denke ohne Hunger,
kein Magen knurrt.
Ich denke
mir die Welt.

Kein Durst und keine Krankheit,
kein Geldproblem.
Ich denke
mir die Welt.

Ich denk an meine Spenden,
die Ruhe ist in mir.
Ich denke
mir die Welt.

Ich denke mir die Welt
und schweige.
Ich denke
an die Welt.

Ich hasse die Lüge,
sie schmerzt.
Und lüge.

Ich sage niemals
und immer wieder
geschieht es.

Ich hasse die Lügner,
grüß Gott.
Wir erkennen uns wieder.

Ich schmelze die Gletscher
menschlichen Seins.
Muränen erscheinen.

Jede Lüge ein Stein,
Findling und Sandkorn,
du bist nicht allein.

Von selber erkennen,
ob Lüge, ob Glauben,
offene Wunde erlauben.

Die Welt eine Lüge,
die Zukunft ein Traum –
und ich bin wach!

Hürdenlauf

Wer ändert sich täglich?
Jeden Tag ein Hürdenlauf,
jede Hürde einzeln
ein Erinnern.

Wer richtet die gestürzten Hürden,
die befreiten, wieder auf?
Jede Hürde einzeln
voller Schmerz und Qual.

Über Gräben sprang ich,
dieser Tage, Berg und Tal.
Jede Welle, Delle nahm ich
wahr mit diesem Körper.

Es ändert sich tagtäglich,
jeder Tag steht auf beginnen,
jeder Tag wird wahrgenommen,
neues Leben schärft den Sinn.

Gelassen schau ich nicht
auf morgen, es ist ein neuer Tag.
Doch für den Rest dies Tages
reicht meine Kraft.

Es ist nicht so,
als wär ich frei,
ausgeschert aus Konventionen
und bar Kontakten
in die Welt.
Doch Jahre Arbeit
trägt nun Früchte
und die Berührungspunkte
schrumpften auf ein Minimum.
Es fehlte jenes Gärtners Pflege,
der voll der Liebe
seine Beete, Pflanzen sieht.
Pikierend, gießend, pflanzend
die Berührung hält.
Die Klammern
für die Liebe
und Nähe
festhaltend belebt.
Welch ausgedörrtes Feld,
Wüste, Wadi
wird sichtbar,
wenn die Vegetation verdörrt.
Unter dem Leben
breitet die Wirklichkeit
einen kalten Boden,
wo Erosion
Gefühlen Gestalt
sandstrahlt.
Doch bin ich frei
Oasen aufzusuchen,
wo meine Öde
Wasser zieht
zum Leben.

Du schaffst es nicht
das Feuer auszutreten,
das du im Übereifer selbst gelegt.
Zum Brande ward die Glut, du Hüter,
von Heim und Herd.
Es brennt nun lichterloh,
das hohle, ungedrosch'ne Stroh
in fremden Köpfen.
Schmerzen denken Leben an.
Solch Wärme kroch hier selten
durch deren Körperwelten.
Die Augen weit geöffnet,
so dass die Qualen
weithin sichtbar sind.
Die Stimmen schrill,
da nichts als Feuer knistert,
es ist so still.
Gedankenflucht.
Gut, dass dem Feuer
der Sauerstoff entzogen,
die Glut zum schwarzen Brand
mutiert und Energie verliert.
Ideenarmut
das Feuer endlich löscht.
Kopflos,
Geistlos,
Feuerlöscher.

Haus aus Glas   Gouache, 48 x 36 cm

Geht meine Wege,
geht eure.
Verlasst nicht die Pfade,
überschreitet
nicht die Hürden.
Rollt euch
in Bandbreiten,
begrenzt den Horizont
mit der Hand, wenn die Sonne
Erkenntnis blendet.

Geht neue Wege,
geht fremde.
Verlasst die Pfade,
überschreitet
die Hürden.
Überrollt
die Bandbreite,
erweitert den Horizont,
reicht die Hand,
wenn die Sonne
euch erkennen lehrt.

Endstation Gedankenlosigkeit.
Start vor Morgengrauen,
die tiefe Sonne leuchtet nicht
im Herzen, farblos;
die Ideen verschmelzen
mit dem Licht,
das gräulich kaum erkennbar
als leichtes Scheinen sichtbar wird.
Wie Dunst reißt Traurigkeit
der Tagessicht die Schleier
fort, sowie Gedanken,
die tief verwurzelt
im Inneren verhakt,
auf den neuen Tag
mit alter Hoffnung,
Neubeginn.
Hoffen auf ein Ende,
hoffen auf ein Ich -
nur lose Enden
knoten schlecht.

Illusionen

Als du die Fingernägel rissest,
als du all die Dummheiten machtest,
wenn man jung und naiv ist,
da sehntest du dich nach Nähe,
Wärme, gestreichelt wolltest du werden.
Zärtlichkeiten, Schmeicheleien
wolltest du geben.
Nun beißt du, bellst,
knurrst, bewachst den Kopf,
den Hof fegst du
und bückst dich für die Teilchen.
Schenkst keine schönen Worte,
deine Hand ist kalt.
Du behauchst sie mit Gedanken,
doch erwärmen sie sich nicht.
Bei Berührung zittert's Gegenüber,
der Winter liegt auf dir.
Liebe, Leidenschaft,
es kühlt sich ab:
Wo der Verstand gewirkt,
ersetzt die Illusion
ein heißes Herz -
wo Zunder nur noch leise glimmt
und Flammen wären Zauber.

In stiller Nacht,
nur die Geräusche
der fahrenden Autos,
liege ich rücklings,
mit offenen Augen
und schaffe
die Zimmerdecke neu.
Züchte Schlangen
und Skorpione.
Terrarium: Schlafzimmer.
Alles was still ist,
schleicht sich
um mich.
Züngeln, Lidaufschläge.
Bewegung erfolgt
im Augenblick,
sichtbar nur
das Ergebnis.
Wieder ein Stückchen.
Der Hauch
bildet kleine Kristalle,
wenn außer Stille
die Kälte kommt,
der Nebel des Atems
die Bewegung lähmt
und an Flucht
nur zu denken ist.
Schlangenartig
kriecht die Idee
aus dem Kopf
in den Unterkörper.
Töne verstummt,
ich ziehe die Decke
über den Kopf –
mich friert.

Ein Wachtraum
exakt als lebte ich.
Gedanken klar
wie klirrende Kälte,
nur das Leben
atmet sich dampfend aus.

Zum Kinn gezogen
wärmt die Decke
nicht die ganze Existenz.
Die Basis nackt,
schrumpft die Zeit
den Standort fort.

So träumte mir
ich wachte.
Mein Leben liefe
rückwärts, saltoschlagend
zum Beginn
und neuer Anfang wäre möglich.

Den Zwilling,
mein Ebenbild,
erblickte ich von Angesicht.
Doch niemals sprächen wir.
Zu kurz die Spanne
der wohlgewollten Selbstansicht.

Neue Tapeten,
neue Schuhe,
Hunde neu,
Armut alt.
Neue Gedanken.

Neujahr,
Neubeginn
endlich,
das Leben zerhackt
in überschaubare Teile.

Ich bin klein,
mein Herz
schlägt
auf mich ein.
Klein gehackt.

Jeder Schlag neu,
ein bisschen Leben.
Jeder verlängert
das Leiden.
Das Glück.

Neu und alt
der Schrei:
Ich bin!
Durch nichts
gibt es Ersatz.

Friss es auf,
das Papier,
auf dem das Urteil geschrieben.
Zerreiß den Schreiber,
zerbrich den Griffel
und schickte den Richter
zur Hölle.
Sommerurlaub
in glühender Hitze.
Wie kommt ihr dazu,
Unbescholtenheit und
Naivität
zum Maßstab zu machen
für euer Urteil
über mich?
Kennt ihr mich?
Ich kann
mit Sicherheit nichts
über mich verraten haben,
denn ich weiß
nichts.
Auch quältet ihr mich,
ich jammerte,
doch ansonsten
schwieg ich,
so wusste ich nichts, trotz allem.
Aber ein Urteil
das wolltet ihr,
das musstet ihr haben.
Richter der Ablenkung,
Schreiber von allem,
was opportun.
Hängen sehen,
ja, das wolltet ihr mich.
Besser ein ungerechter Tod,
als die Chance verpasst
mit Blut die Seele
zu reinigen.
So fresst euer Urteil
über mich.
Wascht eure Hände
im Unheil der Gedanken
und nehmt
die Schreiber, Griffel und Richter
in Schutz.
Haftung für sie
schließe ich aus.

Widersprüche:

Als wir jung waren
und dachten.
Als wir älter wurden
und machten.
Als wir alt geworden waren
und sehnsuchtsvoll
nach hinten sah'n.
Als wir im Alter
jünger waren
und klarer die Welt
uns sagte:
Das ist der Weg.
Da drückten die Pfunde,
es fehlte an Kraft,
der Mut ging eigene Wege.
Jetzt hab ich's geschafft!

Im Alter die Thesen
der Jugend gedreht,
bis ein fester Konsens entsteht. –
Das erklärt ein Leben am Tresen.

Ich kann sehen,
sagt der Blinde
und fasst meine Hand.
Dein Zittern und Zagen,
dein Zögern und Zaudern,
das zeigt deine Hand.
Ich lese, ich sehe
tief in dein Herz,
wenn du nur ruhig wärst.
Getastet, gerochen, gefühlt,
so sah sich der Blinde
in meiner Seele um.
Mein Hochmut als Brillenträger,
mit dem verglasten Gesicht,
verließ meinen Sinn.
Ich Sehender kann
nichts erkennen
im anderen Sein.
So schwoll meine Achtung
vor dem Seher,
der blind in das Herz mir geschaut.

Pro Einvernahme

Ich bin immer korrumpiert,
sobald ich etwas tue,
das mich in Widerspruch
zu meinem Innen bringt.
Vom Außen lebe ich,
von innen erwart ich Heil.
Das Außen stillt mir Hunger,
Durst und Zärtlichkeit.
Von innen bin ich,
dort steckt der Kern, mein Selbst.
Ich kann unglücklich satt sein,
aber glücklich verhungert
wäre das Ende.

H. Terkowsky 2001

Verwandlung   Wasserdeckfarbe auf Altpapier, 49 x 38 cm

Vergangenes Jetzt

Kalte heiße Liebe,
verglühen sollst du
an dem glatten Stahl,
erkälten dich.
Dein Kopf ist frei,
dein Bauch ist voller
leerer Schmetterlinge.
Verpuppt warten sie,
sollte ein Rest Leben sein,
auf ihre Metamorphose
vor der Zeit.
Du hast ihr Gesicht vergessen,
kein heimlicher Blick
trifft das Herz.
Blutleer, kalkweiß
das Blatt auf dem die Zeichnung
gemalt war.
Du bist keine Erinnerung.
Du warst mein Liebe.

Selbst in lockeren Worten
lösen sich
schwere Gedanken nicht auf.
Schütteln, schlagen,
die wässrige Kraft
gepresster Tränen
entknotet nicht
die verschlungenen Teile.
Getrennte Welten
lassen sich nicht zwingen.

Um ihn herum die Stadt,
der Putz,
er bröckelt von den Wänden.
Fassadenweise Mauerteile
kippen auf den Weg.
Ich gehe geradeaus
den ausgetret´nen Pfad.
Kein Stückchen Ende
trifft mich im Vorwärtsstreben.
So gibt es Hände,
die schützend meinen Kopf,
die Ohren, Nase, Mund
und Augen decken
auf meinem Gang
durch abgebroch'ne Häuser.
Überwölbter Lauf
mit Glorienschein beschattet,
beschützt dem Ziel
entgegen der Vernunft.
So such ich Glück
und träume.

Wartesaal

Ich warte;
seit Stunden
keine Wartesaalgeräusche.
Mittelohrentzündung.
Trommelfellzerstörung
durch den Unwillen
zu zuhören.
Es ist keine
Wohnung frei
im Obergeschoss
des Körperhauses.
Alles belegt
durch Eigenbedarf
der eigenen Gedanken.
Dennoch Wartung,
ich will
die verölten Ideen
der Außenwelt.
Hochspannung der Sensoren.
Mausefallenphysik,
Kettenreaktionsmystik.
Warte, warte
nur ein Weilchen…
Warten,
als Weg von außen
zu mir.
Osterlamm,
eben hoffnungsvoll
dem Ritualmord
entronnen,
wartest du
auf deine
neuen Schlächter.
Dein Blut
auf der Opferbank
verkrustet ohne dich.
Keine Wunde heilt,
kein Leben
kehrt zurück.
Der Zug
läuft hier nicht ein,
es gibt kein Gleis,

Fortsetzung

keinen Bahnsteig
der Glückseeligen.
Sauerstoffzelt,
kühle Grazie.
Ich lebe
mit hochrotem Kopf
und erzeuge
meine bizarre Welt
mit eisigen Zapfen
und kristallklarer
Luft –
Bewegung gedämpft,
erzwingt den ruhigen Schritt
bis zum Stillstand.
Ich warte.

Was du siehst,
das glaube.
Was du denkst,
das prüfe wohl!

Sieh an, die Welt zerbrich nicht,
gleich wohl die Antworten sie spalten.
Es sind die Fragen,
die klammernd sie zusammenhalten.

Leere ist nicht der Zustand
um dich herum.
Leere ist das Ergebnis
deines Schaffens, deines Tuns
- die Hinterlassenschaft,
der Stuhlgang vor der Beichte,
vor der Revue deines Rückblicks.
Leere die Aschenbecher
von den nicht gerauchten Zigaretten,
es kommt die Zeit zu gehen.

Ich hatte mich getrennt,
Mutter,
schon lange.
So ging ich
meine eigenen Wege,
verfolgt von dir,
sorgsam bedacht
mir nötigen Schutz
angedeihen zu lassen.
Du wolltest das Beste,
was du dachtest,
für mich.
Und ich bekam
das Beste,
da die Stiefel
zum Laufen
vor dir waren.
Wählte
das Gute für mich.
Deine gestellten Schuhe
waren Rüstzeug dafür.
Druckschmerz
vor Erkennen,
normales Schuhmacherproblem.
Leben und Routine
treibt des Schusters Rappen
zum hurtigen Galopp.

Hast du Geld
für den Truthahn
zum Fest.
Im Tresor, in den Büchern
zu Haufen gebracht.
Dann öffne die Kerker,
lüfte das Haus
deines Alters
und lasse die Kinder
herein, dass sie
mit dir äßen.

Licht durchflutet
den Raum
mit herrlichem Schein.
Es flackert nicht
die Kerzenflamme?
Es klappert nicht
Besteck, Geschirr?
Es klingen nicht
die hellen Stimmen?
Auch herzt kein Kind,
kein Ärmchen
umklammert deinen Hals?

Ach, Wehmut
und trocknes Schlucken
hilft nicht mehr.
Unveränderlich
vergabst du Möglichkeiten
nicht allzu sehr
allein zu sein.
Decke dich
mit Tresoren und Büchern,
häufe das Geld
über deinen Körper
und sieh ob es wärmt. –
Und weine
nicht über
die vertane Chance.

Nicht jeder Tag
ist wie der gestrige,
nicht jeder Tag
ist gut.
Doch gut
ist dieser neue,
da meines Felles Nässe
getrocknet ist
durch meinen Mut,
ihm heut wohlan
die Stirn zu bieten.

Hinter dem blauen Vorhang   Gouache, 48 x 36 cm

Geräusche zur Zeit

Brülle nur Löwe
im ganzen Land
schlafen die Kinder.

Das Grollen
der Jahrhunderte
ängstigt nicht
die Menschen von heute.

Ihre Lupen
vergrößern die Sicht
auf kleine Teile.
Die Hütten gefestigt
und Burgen und Wälle geschleift.

Der Nachhall,
einen Ahnen verstehen.
Was schaffen wir,
was wird morgen vergehen.
So bauen wir die Brücken
zwischen der Zeit.

Wie sollte ich
meiner Gefühle Sicherheit
in Stein gemeißelt haben?
Wie säh sie aus,
die neue Welt gestaltet
für alle Endlichkeiten.
Wie Straßenbau?
Wie Klinkerhausfassade?
Ob Friedhofsstein,
der Endausbau in Grün,
in Stein, gefestigt.
Beben nur, massiv
verändern Welt.
Gesichert Tag,
sagt guten Morgen,
vom Abend sagt er nichts.

Mit einem Ende

Ohne zu wissen,
 lese ich ein Buch.
Ohne zu wissen,
was.
Inhalte sind flüchtig.
Mit dem Öffnen,
verwandeln die Wörter
ihren Sinn,
über die Augen,
im Kopf zum Gedanken
und große, leere,
weiße, buchgroße Blätter
verfallen dem Werteverlust.
Im Hirn
wird die kleine Flamme
der Sinnlichkeit
durch das endliche
Zuklappen des Buches
gelöscht.
Das Buch passierte
den Ausgang.

Herausgefordert,
seh´ ich meine Ecke,
meinen Platz zum Stehen.
Rechts und links
sind Mauern
und hinter mir
gibt es ein Nichts.
So nimm
die hocherhobenen Fäuste
wahr;
stell dich ein
zu ducken,
auszuweichen,
zu reflektieren.
Komm aus deiner Ecke,
die Welt
sieht ohne Mauern
bunter aus.

Um unsichtbar zu sein
bedarf es vieler Menschen.
Gesichtslos,
der Fisch unter Fischen.
Ein Mensch mit Adressen,
so viel mehr wie er braucht,
verschwindet im Nichts.
Jede Wohnung atomisiert
seinen Vorbesitzer
„Woher komme ich, oder?"

Ich könnte dich hören,
fühlen vielleicht,
oder riechen.
Sinnlos bist du verschollen.

Du bist und willst
mich täuschen.
Keine meiner Sinne
erfassen dich.

Doch denk ich mich
in dich
und ohne Erkennen –
Bilder im Kopf.

Meine Imaginationen
sehen nicht selbst.
Meine Bilder
siehst du nicht.

Mein Nichts dein,
dein Nichts meine Unsichtbarkeit.

Ich habe gelacht,
ich hab mich gefreut,
ich habe eine Seele,
ich habe erkannt,
ich habe ein Haus,
Weib und Kind.

Ich bin auf der Welt,
ich bin ein Mensch,
ich bin erfreut,
ich bin auch ein Fisch
unter Fischen.
Ich bin kein Fischer.

Im Kopf
die Uhr, sie klopft
den Takt und redet
fort auf fort
ohn' Unterlass.
Doch wehe,
wenn sie laut
die Stunde schlägt,
dann haue ich
den Kopf
auf einen Tisch,
die Wand.
Und plötzlich
diese Stille –
hallo, hallo
lasst mich los.
Mit Macht
die Ohnmacht
fasste mich
und hielt
für einige Sekunden
den Schlag der Uhr
bis Stillstand an.

Der Hochmut
kommt in jedem Fall
sehr selten auf die Füße.
Wer Nasen
in die Wolken schraubt,
den Kopf im Nacken
gen Himmel schaut,
hüte sich vor Kieselsteinen,
schnell holen die ihn von den Beinen.

Abzählreim,
du bist raus.
Adieu,
wir brauchen dich
für dieses Spiel
nicht mehr.

Es gibt keinen Platz
auf dieser Welt.
Du armer,
Aufenthalt
schlecht bestellt.
Du kannst gehen.

Und weißt du schon,
wir lieben
dich tief.
Basisgeleitet
ersteigt aus Verlust
all der anderen Genuss.

Ein Hase als Philosoph:

Wenn ich am Ende eines langen Lebens
forschend zum Ergebnis komme:
Ich wüsste nichts, nachdem
ich alles wüsste, was zu wissen ist,
dann wäre auch der Schluss richtig:
Ich forsche nicht, stelle keine Fragen
und habe nur eine Antwort:
Ich weiß von nichts!

An einen Philosophen:
Wie viele Gedanken sind notwendig
um einzusehen, dass jeder einzelne
nur dazu dient, der Welt zu entfliehen.
Leben ist mehr als wissen:
Leben lebt auch vom Geheimnis –
das Geheimnis des Lebens.
Neugierde als Antrieb,
doch bei Weihnachten ist Schluß!

Als Zyniker habe ich
das Morgen schon gestern
als abgestanden erlebt.
Und meine Kälte
macht die Hoffnung
haltbar für den Verzehr.

Schriftgut

Bald verschwinden
die Gesichter hinter Gold.
Bald wiegen
Urkunden schwerer
als die Personen.
Bald bin ich Schrift
von meiner Schrift.

Weckt die tanzenden Paare

Im Ausguck:
die Fahrt ist frei.
Im Nebel:
verschmiert.
In der Kombüse:
Langt zu.
Auf der Brücke:
Die Zeit
rückt
heran.
Weckt die tanzenden Paare.
Leise.
Der Ausguck:
Es nähert sich.
Der Nebel:
Ich werde Dichter.
Und Kochend:
Löscht alle Feuer,
nehmt Kellen und Löffel.
Kapitän an Brücke:
Reif ist
die Frucht.
Save our sales
und rettet
die Käufe.
Weckt die tanzenden Paare.
Leise.

Kopf - mosaikartig   Aquarell, 48 x 36 cm

Ein schöner Besuch

Nun bin ich mal wieder
zu Besuch bei meiner Muse.
Oh, sie erkennt mich kaum,
wir sprechen nicht einmal.
Zusammen waren wir stark.
Sie meine Inspiration,
die die Gedanken beflügelnd,
mich zu weitem Schweifen
einlud ihr zu folgen.
Doch jetzt, alt und träge,
beschweren wir unsere Körper,
Ideen und freien Assoziationen
mit dem Hauch der Wehmut
und dem Beginn des Zweifelns.

Wir sind wie Anker und Kette,
verschweißt, unlösbar verbunden,
jedoch dienen unsere Kräfte
dem Beharren, der Unbeweglichkeit.
Tatenlosigkeit; ortsfest
schruppen wir die Decks
ordnungsbewusst für andere Beweger,
Bewegungshungrige, scharrend,
ihre Körper in Schach haltend,
ehe die Sehnen, die Muskeln
gespannt für den Sprung nach vorn
sich strecken, um den Platz
zu wechseln, den Ort tauschen,
an dem wir beharrlich
uns der Welt verweigern
und verwundert den Waghalsigen,
Wagemutigen lauschen,
wenn sie über die Welt parlieren,
die außer unserer Ankerbindung,
unserer Vorstellung fern
und unbekannt erscheint.

Oh Muse, Müßiggang ist dein und mein.
Kein Gedanke hilft das Nass
der äußerlichen Welt
mit trockenem Fuß zu queren,
geschweige denn zu neuen Ufern
springend oder schwimmend aufzubrechen.
Meine Muse und ich
sind uns genug.
Es war ein schöner Besuch.

Schon bevor der Gedanke gedacht,
bevor seine Fortsetzung möglich,
setzt die Zensur ihre Regeln.
Kein Einbruch, kein Ausbruch,
kein Ereignis oder Befreiung
lässt dieser Zensor zu.
Gelernte Rolle der Inquisition,
Angstmacher, Gedankenzwang
treibt in die Irre.
Verschollen ins Meer der Belanglosigkeit,
bedeutungslos blitzen die irrenden Lichter
durch die Ritzen des Geistes.
Lichtschauer an Stelle Ideen,
Kreuzworträtsel statt Zusammenhang.
Klebrige Einzelteile,
Puzzlespiele der Intelligenz,
auflösunglos und ohne Hoffnung.
Du lässt nichts passieren.
Kein Schmiergeld ist groß genug
Begierde zu entwickeln.
Selbstkasteiung ist die Beschränkung
und die Zensur im Kopf.
Stammelnd, Bruchstücke gelallt,
liegt das Gehirn auf dem Rücken,
die Glieder ausgestreckt, rührend.
Nie im Leben
werden diese,
Boden unter sich verspüren.

Ich glaube an die Langeweile
im Besonderen.
Nicht an die allgemeine.
So ist mein Leben lang,
wenn meine Weile lang,
der Augenblick gedehnt,
der Morgen morgen ist
und keineswegs schon heute.

Hier geht die Kultur
auf dem Zahnfleisch
nach Haus.
Hier boxt selbst der Papst
vergebens gegen die Flügel
der Windmacher,
der Selbstdarsteller,
der Süchtigen,
der selbstbewussten Geldhaber.
Staubaufwirbler
haltet ein:
ich bin allergisch
gegen den Kot
von Milben.
Wind, Wind zurück,
als Lüftchen
wohl ertragen,
hüt dich,
du machst mich krank.

Seelenverkäufer

Du, du, zeig dich endlich.
Ich, ich, möchte dich sehen.
Hinein schauen.
Vorhänge löchernd.
Erkenne ich dich doch
an der Stimme
mit geschlossenen Augen.
Sehe ich deinen Teint
und weiß dein Gefühl.
Oh, ich begreife dich,
fühl all die Krusten
und Narben.
Mach dich auf.
Der „Seelenverkäufer"
läuft bei Flut aus dem Hafen.
Am Ruder du,
Leben in den Segeln –
vorwärts.
Zehn Glasen vergehen.
Der Wal bläst.
Und du
erscheinst in den Träumen.
Ich erinnere mich,
du warst.
Teil meines Lebens,
begegnet, gehofft,
begriffen.
Nun rudert „es"
in meinen Gedanken
und ich sah nicht
deine Seele –
Du.

Welche Welt will mein Verstehen?
Welche Welt will mich verstehen?
Welche Welt will wirklich mich?
Welche Welt will wirklich ich?
In welcher Welt will ich denn dich?
In welcher Welt willst du denn mich?
In dieser Welt entscheidet's sich!

Sending SOS

Schiff unter,
Wasser über Bord,
Signale sind gefeuert,
drei rote Bälle
verglüht in der Luft
über mir.
Angst?
Angst nein,
sie kommt nicht,
sie ist da,
wo ich stehe
wanke, schwanke,
unentschieden
zu bleiben oder zu gehen.
Und Hilfe
hinter der Nebelwand,
den Wellengebirgen?
Hilfe von wem
auf dem weiten Meer?
Träfe ich
auf meinen Helfer
und würde ich
ihn erkennen?
Alle Hoffnung
lass fahren,
gib dich dem Leben hin,
sieh in seine Augen,
es könnte
auch der Tod sein.

Welch ein Mut,
welche Einfalt
ließ mich
wider dem Stachel löcken.
Die Macht
schlug immer zu,
wenn sie
meiner habhaft wurde.
Äußerlich
gebar dies Stahl,
innerlich
den eingeklemmten Schwanz.

Rollendes Schiff,
die See.
Wogen
übermannshoch
und die Fahrt
über Grund.
Kreisendes
Personal
in Not, die See
fordert
das letzte
Hemd von Euch.
Besetzer,
gebührend gefeiert –
ihr der Besatz.
Ein Hoch
der Wellen
und Gischt um den Bug,
so „Schwalbe"
rettest du nicht
deinen Arsch
kurz vor Helgoland.
Und ein Schiff
erreicht
seinen Grund.
Und ein Kranz
ziert den Untergang.

Wo Erde und Himmel
sich berühren,
da mal ich einen Horizont.
Rund geht dort die Sonne
nieder
und in meinem Rücken auf.
Flimmernd über Wasser,
reflektierend über Land,
über Wüsten spiegelnd Sand,
Oasen und Gewässer,
es bleibt der Welten Rand.
Ich male mir
das Leben, wie ich will,
bunt.
Nur Tränen-Regen
wäscht meine Phantasie
in jenes Schwarz
und Weiß,
die Farben
der Tagtäglichkeit.

Zirkus   Tempera, 48 x 36 cm

Es stückelt das Jahr,
der Monat, die Woche
in Teile der Tag,
den Augenblick.
Die Gedanken kraus
in der Jugend,
dann auf liniertem
Lebenspapier
in geometrischen Formen.
Im Alter verknoten
sich hilfesuchende Normen.
Geschehen geriert
per Wimpernschlag
zum ungeheuren
Abenteuer.
Die zerhackte Zeit
lässt keinen Blick
auf das Übermorgen.
Ich sammele
die Stücke von heut.

Die Kastanie

Nur kurz bleibt der Glanz auf
der Frucht sobald sie gefallen.
Schon übertägig bezieht sie sich runzelnd
und zeigt ihren zweiten Tag.
Die Farbe, die Kraft, filigrane Struktur
weicht einem Aussehen als Nuss.
Ein schrumpelndes Abbild
der vergangenen Wirklichkeit.
Oh, schönes Alter
in Tagen gemessen
und Jugend zum Alter ein Sprung.
Die Runzeln in frühester Zeit
angelegt.
Dein Ende ein Anfang,
dein Anfang der Tod.

Baumgesäumte Alleen,
sanfte Hügel begrünt
im Hintergrund.
Der Weg, den ich gehe,
ist meine Straße
"La strada".
Sie führt die Bequemlichkeit
geradewegs.
Querfeld hüpf ich,
über Gräben
schlüpfen die Gedanken
in fremde Gestalten
während meine Füße
dem Pflaster,
den ausgetretenen Spuren
folgen.
Grüne Hügel,
herbstgefärbte Allee –
Schritt für Schritt.

Lache mein, lache.
Lache mein bis Ruhe
kommt von Innen auf.
Schaue in das Ruhegesicht,
gelöst die Augen
strahlend, die Zunge
trocken.
Dein Lächeln, ein
sanfter Zug um den Mund.
Nie noch hat ein Mensch
sich totgelächelt.
Auch ein Kind
kann irren !

Sommersonnenwende

Nur du wünschst den Winter herbei.
Springst nicht über die Feuer.
Schaust nicht durch die Ritzen
der Gemäuer von hunderten Jahren.
Keine Gänsehaut schleicht
über deinen Körper,
wenn die Sonne den langen Tag
und die kürzeste Nacht zelebriert.
Der Tag wird weniger Stunden,
schon morgen Minuten haben.
Voller Hoffnung auf Vergängnis,
sehnst du die Stunden
der Helligkeit vorbei.
Nachtfuchs, Katze grau
in der Nacht, die du erwartest,
bescheint keine Sonne den Weg.
Du bist in dir,
im Zwielicht deines Daseins,
Sonnenschirme schützen nicht
das kleine Irrlicht
vor der dunklen Macht, der Nacht.

Im Winter kann ich
so schnell gehen,
dass meine Hitze
den Schnee
meines Weges schmilzt.

Im Sommer
verlangsamt sich
der Schritt.
Jedes Pendeln
der Arme
fächelt mir Luft.

In Gedanken spaziert,
querte ich Jahre,
mal heiß, mal kalt,
doch immer temperiert.

Er hatte einen Tisch
hinter dem Schilf
aufgebaut zur Präsentation
und aufgebahrt,
wie ein „Cuisine normale"
spartanisch die Gedanken.
Angerichtet in edlen Gefäßen
aß auch das Auge mit.
Doch in dieser Stille
verlangte der Magen
nach seinen Rechten.
Unbefriedigt,
ob der puren Opulenz,
rief er nach dem Koche.
Und siehe,
dieser führte aus,
die aufgereihten
wären nicht seine
Gedanken.
Das Schilf bewegte sich
leicht im Winde
und wunderschön
sah´s aus.

Unglücklich knie ich
im halbwegs flachen Wasser
und schaue in das Gesicht
des Kindes mit dem glücklichen Lächeln.
Lache du nur auch morgen,
sage ich leise,
sehe das Kind vor mir wachsen
und in die Knie gehen.
Das Lächeln verkrampft,
oh Knabe hüte dich
so zu werden wie alle.
Die Zeit, die Schwerkraft
wird wirken auf dich.
Die Mundwinkel wandern zur Erde,
die Gelenke knacken,
doch du wirst die Kräfte haben,
mit strahlenden braunen Augen
in der Zukunft lauthals zu lachen.

Wir sind die Geschändeten,
wir sind die Ausgestoßenen,
die mitleidlos Getretenen.
Wir sind die, von Jenseits der Stadt.
Die keiner will,
die aufrechten Gangs,
die mit dem Kopf nach oben.
Die Nichtoperierten,
die mit der vorhanden Wirbelsäule.
Wehrhaft,
verteidigungsbereit
stützen wir
die Gemeinschaft der Ausgegrenzten,
die unser Schutz ist.
Wir sehen die auf der anderen Seite der Stadt
und fühlen uns stark.
Unsere Stärke verführt uns
zur Schande, zum Ausstoßen
und tretend stellen
wir uns über die Stadt,
die Welt
und alles.

Kann etwas, was leicht das Lachen erzeugt, schwer sein?

Muss man vielleicht nur länger kochen, will man schwere Kost genießbar machen?

Es ist möglicherweise eine Ensemblefrage: was aß ich vor und was danach – was trank ich gar dazu?

Doch immer leichtes Essen macht mich schwach und leichte Plauderei, immer, bis zum Ende.

Ja, aber
Schwere schreit nach Krücken, Stützen, Hilfen knicken bevor die Kurve, Richtungswechsel kommt – Zum guten Ende – wieder nur weil ich so bin, durch meine alte Stärke: grundglücklich, nicht zuviel unglücklich und manchmal bewusst meiner Selbst.

Doch kann eine schwere Geschichte leicht genug für ein Lachen sein?
(Herzhaft kann genussvoll sein).

Spiegelung   Gouache, 48 x 36 cm

Versprochen ist versprochen
(Die Wahrheit meiner Hilfe)

Schmerzt dich
dein Alleinsein,
das eine Einsamkeit ist.
Hilfe gäb ich dir,
wenn meine Füße
auf festem Grund
und standhaft wären.
So jedoch
fehlt Kraft und Halt
die Schwere
deiner Last
auf meine Schultern
aufzutürmen.
Ein Blinder
ist dem andern Blinden
gleich von außen,
was die Sicht betrifft.
Doch kann der eine
besser tasten,
ein andrer hören.
Das Klagen fühlend
wohl erfahren
und Worte
nah am Herz.
Für deinen Schmerz
biet ich offne Ohren
und Freundschaft an,
ich höre
rutschend dir
bei deiner Rede zu.
Nur meine Schultern
sind zu schmal,
dein Leid allein zu stemmen.

Oh, Mann

Ein Hundeleben,
ein Leben lang
aus Näpfen fressen,
an jedem Mauerstück
das Bein gehoben,
geknurrt, gebellt,
gefletschte Zähne,
gekrümmter Rücken,
die Haare aufgestellt
und jedem aufgezeigt:
ich bin ein Rüde!

In alter Zeit,
vor gut zwei Tagen
da war mir wohl,
ihr könnt es glauben.
Jetzt jedoch,
es graust mir
vor dem Ende,
geht es schlecht.
Die Flügel lahmen
und Beine –
was ist das ?
Zitternd wartet er
auf seine Stunde:
der Fliegerich,
in aller Munde,
tot,
als Greis gestorben
nach zwei Tagen,
für Eintagsfliegen
ein hohes Ziel.

Bisher vom Autor erschienen:

Gedanken & Gedichte
Selbstgespräche für Andere
    Lyrik und Gedichte
    mit Zeichnungen von Gunther Fritz
    Selbstverlag April 1999
    63 Seiten

Liebe, lebe und Alter CD
Rainer Beinlich liest eigene Gedichte
    Lesung mit Musik
    Musik u. Klangteppiche „Pattex" BS
    2002

Wenn der Hahn dreimal kräht
Eine Suche nach Wahrheit
    Lyrik
    mit Plakaten des Autors
    erschienen bei
    Books on Demand GmbH,
    Norderstedt, Sept. 2004
    220 Seiten
    ISBN 3-8334-1510-X

Wenn der Hahn dreimal kräht CD
Eine Suche nach Wahrheit
    Autorenlesung mit Musik
    Musik-Collagen „Pattex" BS

Texturen
Hintergründe, Untergründe, Oberflächen
    Lyrik
    mit Bildern und Illustrationen
    von Hannelore Terkowsky
    erschienen bei
    Books on Demand GmbH,
    Norderstedt, Juni 2006
    104 Seiten
    ISBN 3-8334-3761-8